If Today Were Tomorrow

If Today Were Tomorrow

POEMS

Humberto Ak'abal

Translated from the Spanish by
Michael Bazzett

MILKWEED EDITIONS

(800) 520-6455
milkweed.org

Published 2024 by Milkweed Editions
Printed in Canada
Cover design and illustration
by Mary Austin Speaker, based on a Maya glyph
Author photo by Alexander Ambrosio
Translator photo by the *Star Tribune*
24 25 26 27 28   5 4 3 2 1
First Edition

Library of Congress Cataloging-in-Publication Data

Names: Ak'abal, Humberto, 1952-2019, author. | Bazzett, Michael, translator. | Ak'abal, Humberto, 1952-2019 If today were tomorrow. | Ak'abal, Humberto, 1952-2019 If today were tomorrow. Spanish.
Title: If today were tomorrow : selected poems / Humberto Ak'abal ; translated from the Spanish Michael Bazzett.
Description: First edition. | Minneapolis, Minnesota : Milkweed Editions, 2024. | Series: Seedbank | Summary: "A masterful bilingual collection of poems rooted in K'iche' Maya culture illustrating all the ways meaning manifests within our world, and how best to behold it"-- Provided by publisher.
Identifiers: LCCN 2023052552 (print) | LCCN 2023052553 (ebook) | ISBN 9781571311610 (trade paperback) | ISBN 9781571317865 (ebook)
Subjects: LCSH: Ak'abal, Humberto, 1952-2019--Translations into English. | LCGFT: Poetry.
Classification: LCC PQ7499.2.A36 I413 2024 (print) | LCC PQ7499.2.A36 (ebook) | DDC 861/.64--dc23/eng/20231215
LC record available at https://lccn.loc.gov/2023052552
LC ebook record available at https://lccn.loc.gov/2023052553

Milkweed Editions is committed to ecological stewardship. We strive to align our book production practices with this principle, and to reduce the impact of our operations in the environment. We are a member of the Green Press Initiative, a nonprofit coalition of publishers, manufacturers, and authors working to protect the world's endangered forests and conserve natural resources. *If Today Were Tomorrow* was printed on acid-free 100% postconsumer-waste paper by Friesens Corporation.

Contents

II.

If Today Were Tomorrow

Introduction

Humberto Ak'abal (1952–2019) was a K'iche' Maya poet born in Momostenango, in the western highlands of Guatemala. The highlands hold mountains covered in cloud forest, fields of maize and beans, and deep ravines. The connection to place in Ak'abal's work is palpable; the language seems to arise from the land itself: rivers sing, and wooden church pews can remember being trees. As Ak'abal himself said, "My words hold the dampness of rain, / the tears of morning dew, and it cannot be otherwise, / because they were brought down from the mountain."

This connection to land via language calls to mind the great epic of the K'iche' Maya, the *Popol Vuh*, where, when it came time for the gods to create the world, "it only took a word. / To make earth they said, 'Earth' / and there it was: sudden / as a cloud or mist unfolds / from the face of a mountain, / so earth was there." An entire theory of language is embedded in this mythic moment, where words are not merely labels, like Post-it notes, to be affixed to what they name. In this cosmogony, words are energy, tethered intrinsically to what they call forth, and as such they are not imposed by humans upon the landscape, but instead uncovered through careful listening and observation of the world around us. It's perhaps unsurprising, then, that in K'iche', the call of bird is synonymous with its name: "Ch'ik is her song, / Ch'ik is her name."

Ak'abal's work enacts this reciprocal relationship with place, with clarity, compression, and subtlety; his language and images embody the animacy of the natural world. And not just the flora and fauna, but the rocks and storms and shadows, even nightfall—which slides into the bottoms of ravines at dusk and is transmuted into the dark current of a river. Stones are not mute, merely keeping quiet, holding their counsel.

The apparent simplicity of the poems can make them a bit tantalizing to translate; there is an elemental immediacy to the work and a colloquial straightforwardness to the diction that can allow a reader to arrive rather quickly at an initial sense of the moment. Yet these are poems that operate in multiple registers, and there is an ineffable quality to the work that remains elusive, a sensibility that mingles distilled images with earthy observations, often nested in musings on time and memory that evoke Heraclitus "watching how the water leaves / and how the river stays."

Given that, for the most part, Ak'abal wrote in K'iche' and then translated himself into Spanish, a translator can listen simultaneously to two versions of a poem, different cadences spanning the colonial divide. I find this heightens my sense of coaxing the poem "through" these other languages, and "through" the English as well, as opposed to "into" any sort of final resting place. K'iche' Maya has no verb *to be*; past, present and future often co-exist with a simultaneity that can feel strange to a sensibility marinaded in linear chronology. I find the poems, small as they often are, afford vast spaces to wander—and leave sonorous echoes—reminding me that *stanza* is merely Italian for *room*, that a poem is a house made of breath.

Ak'abal's work is widely known in Guatemala. His book *Guardián de la caída de agua* (*Guardian of the Waterfall*) received the Golden Quetzal award from the Association of Guatemalan Journalists in 1993, and is perhaps his most well-known. (This current collection was shaped, in large part, upon the scaffolding of "Guardian . . ." with its arc of innocence to experience, dawn to dusk, waking to dreaming.) In 2004 Ak'abal declined to receive the Guatemalan National Prize in

Literature because it was named for Miguel Angel Asturias, whom Ak'abal accused of encouraging racism, noting that his views on eugenics and assimilation "offend the indigenous population of Guatemala, of which I am part." He embraced the role of raising his voice on behalf of his people.

What might it mean, then, to meet Ak'abal in a language such as English?

My initial impulse in grappling with such questions was to take my cues from Ak'abal himself, who in his poem "The Old Song of the Blood" noted that, while his mother's milk fed him no "Castilian," he nonetheless saw fit to use ". . . this language that is not mine, / I do it as someone using a new key / to open another door and enter another world / where words have other voices, / a different way of feeling the earth." There is utility in such an approach, certainly, but this image of language as a key offers more; it allows the poem to make its entrance into the reader, as well as the reader to enter the rooms of the poem—and thus be entranced in both senses of the word.

As Ak'abal himself was fond of pointing out, K'iche' Maya has no word for *poet*, only *singer*. This observation invites deep listening, a tuned ear to his music, which is what guided me in this process. My mode of translating this collection of work was to come from the position of being "entranced" by these songs, his singing. I was guided by his pithy and evocative language, the acuity of his phrasing, the clearness of his eye, the playfulness and pathos of his sensibility, the resilience and defiance of his voice; I listened for the song beneath the poem.

Michael Bazzett

KAMIK

Are jampa'xink'astraj mer
man xinriq ta wib'
xinel k'ut che nutzukuxik wib'.
Xinb'inib'ej b'e xuquje' uq'ab'b'e
k'ate ri xinriq wib'

int'uyulik puwi' jun tanatik re q'ux
chuxe' taq ri sib'alajk'isis,
kintzijon ruk' ri mayul,
kinwaj kinsach pa nujolim
ri man ka b'anta kwinik che.

Chuxe' ri waqan,
uxaq che', xwi uxaq che'.

HOY

Hoy amanecí fuera de mí
y salí a buscarme.

Recorrí caminos y veredas
hasta que me hallé

sentado sobre un tanatón de musgo
al pie de una cipresalada,
platicando con la neblina
y tratando de olvidar
lo que no puedo.

A mis pies,
hojas, sólo hojas.

TODAY

Today I woke up outside of me
and went out to find myself.

I travelled roads and paths
until I found me

sitting on a mossy ledge
at the foot of a cypress,
chatting with the fog
and trying to forget
what I could not.

At my feet,
leaves, nothing but leaves.

I

EL AMANECER

El amanecer
es un animalito
que entra sin hacer ruido.

Es tan pequeño
que cabe debajo de la puerta.

DAWN

Dawn
is a little animal
that comes in noiselessly.

It's so tiny
it slips under the door.

AMANECER

No amenecía . . .

Cantaban gallos.
¿A dónde se habrá ido el sol?

Yo lloraba,
los gallos seguían cantado,
y no amenecía.

“Tal vez el sol se arrepintió
y hoy no va a haber el día”

—Dormite – me dijo mi mamá.

¿Por qué cantan los gallos
y no amanece?

—Porque mañana
amanecerá nublado.

La noche era joven
y yo era chiquito.

DAYBREAK

It didn't dawn . . .

Roosters crowed.
Where's the sun gone?

I cried,
the roosters kept crowing,
still no sunrise.

"Maybe the sun feels bad
and there will be no day today"

—Sleep, my mamá told me.

Why are roosters crowing
and no sunrise?

—Because tomorrow
will dawn in clouds.

The night was young
and I was little.

EL RÍO

Arrodillada
sobre un yagual
agachada sobre una piedra
mi mamá lava
lava
y lava.

Mi hermanita
cubierta con hojas de sauce
duerme en un canasto.

Yo, sentado
sobre un pajonal
miro cómo se va el agua
y cómo se queda el río.

THE RIVER

Kneeling
on a yagual,
bent over a stone,
my mother washes
and washes
and washes.

My little sister
sleeps in a basket
covered in willow leaves.

Me? I am sitting
on piled straw,
watching how the water leaves
and how the river stays.

LOS AZACUANES

Los azacuanes pasan contentos
anunciando el verano;

van con sus alas sueltas.

—La lluvia se ha ido.

Cantan, ríen, juegan;
cada año pasan por estos caminos.

¡Y qué bonitos
todos descalzos!

THE AZACUANES

Flocks of azacuanes pass,
bringing summer;

wings coasting, relaxed.

—The rains are over.

They sing, laugh, play;
every year they pass this way.

And how beautiful they are
all barefoot!

CH'IK

De plumaje café
anaranjado.

Ch'ik ch'ik ch'ik

(está llamando al agua)

Ch'ik es su canto,
Ch'ik es su nombre.

Salta contento
entre cogoyos de milpa.

Es el pajarito
pedidor de lluvia.

CH'IK

Feathered orange
and brown:

Ch'ik ch'ik ch'ik

(she calls out to the water)

Ch'ik is her song,
Ch'ik is her name.

Hopping happily
among the fresh shoots,

she's the little bird
who asks for rain.

LA JOROBA

Sus ramas se agacharon tanto
que tocaron la tierra
y echaron raíces.

Hoy, el árbol jorobado
es un extraño animal
amarrado a la tierra.

HUNCHED

Her branches hunch so low
they touched dirt
and took root.

Today, the humpbacked tree
is a strange animal
tethered to the earth.

ALA ROTA

No he vuelto a escuchar un canto
tan dolorosamente bello.

Cayó el pájaro
con el ala rota.

Me miraba,
se iba.

Me miraba,
me miraba,
me miraba . . .

Me puse a llorar.

Se iba, se iba, se iba . . .

Aquella mirada me pedía que yo
le devolviera la vida.

BROKEN WING

I've never heard a song
so painfully beautiful.

The bird fell,
its wing broken.

It looked at me
and left.

It looked
and looked
and looked at me . . .

I started crying.

It left, it left, it left . . .

That look kept asking
if I would bring him back his life.

EN EL SUELO

La luna
busca algún agujero
en las casas de adobes
entra
y se sienta en el suelo.

ON THE FLOOR

The moon
finds holes
in adobe houses
then slips in
to sit on the floor.

EL CANTO

Cuando escuché su canto
salí a mirar el pájaro

y me pareció como
si un jarrito hubiera
salido volando del nido . . .

La rama se quedó temblando.

THE SONG

I heard the song and went
out to see the bird

and it looked as if
a little clay jar
had been flung from the nest . . .

The limb was left trembling.

CANTO DEL AGUA

La voz de los pájaros
se deja caer
desde las ramas
hasta el corazón de los manantiales,

y el agua canta.

SONG OF THE WATER

Birdsong tumbles
from the branches
into the heart
of the spring,

and the water sings.

SI HABLARAN . . .

¿Por qué aullan los chuchos?

En las noches
pasan espíritus,
se oyen ruidos,
voces,
llantos,
se mueven sombras,
caminan árboles,
en fin . . . en fin . . .

Si los chuchos hablaran

a saber qué cosas
nos contarían.

IF THEY COULD SPEAK

Why do dogs howl?

Spirits move
through the night,
noises rustle,
voices,
cries,
shadows move,
trees walk,
and so,
and so . . .

If dogs could talk

who knows
what they'd tell us?

EL PONCHO

Esta mañana
el cielo ameneció envuelto
en su viejo poncho gris,
lleno de agujeros;
y por ellos
asomaban gotitas de luz.

THE PONCHO

This morning
the sky was wrapped
in a tattered grey poncho,
full of holes
leaking
little drops of light.

EL TIEMPO

El tiempo es silencio
que aman los pájaros.

Lo salpican con su canto,
lo hilvanan
con las herbas de su voz.

El tiempo:
ni va
ni viene
ni se detiene . . .

Los pájaros
simplemente
cantan.

TIME

Time is a silence
that birds love.

They season it with singing,
baste it
in the herbs of their voice.

Time
neither comes
nor goes
nor stays . . .

And the birds
simply
sing.

PÁJARO SIN ALAS

Noches oscuras,
hondas,
profundas . . .

La oscuridad tiene el encanto
de acercar ruidos lejanos
y agrandar pequeños.

Ha llovido;
me enlodo.

Mi memoria
recula, recula
hasta encontrar mi alma de niño
—la oscuridad
se presta para eso.

Soy un pájaro sin alas,
y no me caigo
porque me agarro del aire.

WINGLESS BIRD

The nights are profoundly
dark,
deep . . .

. . . and the darkness is charmed:
it draws sound from great distances,
it makes tiny noises grow.

It has rained;
I'm caked in mud.

My memory
slips back, slips
back until I find my soul as a child
—darkness
lends itself to that.

I'm a bird without wings,
and to keep from falling
I hold my breath.

OVEJAS

El cielo
es un gran llano.

Allí pastan ovejas
lanudas y gordas,
blancas,
grises,
negras.

Ellas caminan sobre el cielo;
por eso
no les vemos las patas.

SHEEP

The sky
is a vast plain

where sheep graze,
woolly and fat,
white,
grey,
black.

They wade through the sky,
which is why
we never see their legs.

EL CHUCHO

Oliendo aquí,
oliendo allá,
se sienta,
se rasca.

Ve una chucha,
se lame el hocico
la sigue y se pierde.

Entra en una casa,
le riegan agua
y sale corriendo.

Es de todos y de ningua.

Levanta una pata,
orina al pie de un tronco,
sobre una piedra
o a medio camino;

ladra porque le da la gana

y sigue vagando
con la cola parada.

THE MUTT

Sniffing here,
sniffing there,
he sits,
scratches.

He sees a bitch,
licks his chops,
follows her and gets lost.

He wanders into a house,
gets sprayed with water,
takes off.

He belongs to everyone
and no one.

He lifts a leg,
pisses on a trunk,
on a rock,
in the middle of the road;

he barks when he wants

and keeps on wandering,
tail held high.

CANTOR

Inflando el güegüecho
y abriendo la bocota.

Rústico,
primitivo,
como tronco viejo:
el sapo.

SINGER

The güegüecho swells
and opens its big mouth:

Crude,
primitive,
creaking like an old log:
toad.

LA CONEJA

Una vez vi
una coneja desnuda;
en el hocico
un manojito de zacate.

Brinco y brinco se alejaba.

En el camino
una cueva se abrió su boca
y la coneja
se dejó tragar.

THE RABBIT

Once,
I saw a naked rabbit
with a handful of grass
in its muzzle,

hopping and hopping along.

Along the path, its den
opened its mouth
and that rabbit
got swallowed up.

MI HERMANA

—Andá y mirá si viene tu hermana.

Yo subía corriendo
y desde la loma miraba hacia el sur
y miraba hacia el norte.

—No, abuela, no viene.

—Hace frío,
se siente olor a tierra,
el aire está bailando;
andá otra vez
y ve si viene tu hermana.

Y yo volvía a la misma loma
y me quedaba sentado
esperando alguna señal.

Y de repente allá por el norte
se distinguía una estrellita negra.

Y detrás de mí
los goterones.
Y llegaba ella, torrencial,
con truenos y tempestades.
El viento de sus enaguas
sacudía las ramas de los árboles.

La abuela sonreía.
—Mañana
comenzaremos la siembra.

MY SISTER

—Go and see if your sister's coming.

I ran up the hill
and looked to the south
and looked to the north.

—No, Grandmother, she's not coming.

—It's cold,
the smell of earth
is rising, the air is dancing;
go again
and see if your sister's coming.

And I went back to the same hill
and sat there
waiting for a sign.

And suddenly there in the north
a little black star was visible,

and behind me
raindrops.
And she came, torrential,
with thunder and tumult.
The wind from her skirts
shook the branches of the trees.

Grandma smiled.
—Tomorrow,
we'll plant our crops.

CENZONTLE

Si querés ser cantor
aprendé del cenzontle:
el de las cuatrocientas voces.

Cantor solitario,
poeta de la montaña;
escurridizo,
tímido,
discreto . . .

Si querés ser cantor:
aprendé del cenzontle.

CENZONTLE

If you want to be a singer
learn from the cenzontle:
the bird with four hundred voices.

Solitary singer,
mountain poet;
elusive,
shy,
discreet . . .

If you want to be a singer:
learn from the cenzontle.

MIS ALAS

Yo sacudía mis alas
y miraba el cielo,
mi madre se reía;
estábamos en la orilla
de un barranco.

Yo esperaba el momento
para echarme el volar.

MY WINGS

I was flapping my wings
and looking at the sky,
my mother laughed;
we stood on the edge
of a ravine.

I was waiting for the moment
to leap into flight.

EN EL MANATIAL

En el agua quieta,
una libélula de alas coloradas
navegaba sobre una hoja seca.

AT THE SPRING

In still water,
a rose-winged dragonfly
sailing on a dry leaf.

UNA

Una polilla
después de pensarlo bien,
decidió conocer el arte:
hizo el viaje
más bello de su vida,

de pasta a pasta
una Antología
de la Poesía Universal.

BOOKWORM

After thinking it over,
a grub
decided to learn about art
and took a trip,
the finest of his life,

devouring page after page
of the World
Poetry Anthology.

MARIPOSA

Amarilla
con manchitas negras.

Parecía pensativa
sobre la palma de mi mano,
le hablé
y su respuesta fue
más grande que el silencio.

Mis ojos destilaban
amor salvaje.

El viento la arrebató
de mi mano.

—¡Volá, volá, volá!—
Le gritaba.

Y la mariposa fue cayendo
poco a poco
hasta besar la tierra.

THE BUTTERFLY

was yellow
with black spots.

She seemed pensive
in the palm of my hand.
I spoke
and her reply
was larger than silence.

My eyes welled
with a wild love.

The wind snatched her
from my hand

and I cried
—Fly, fly, fly!—

as the butterfly slowly
fell until
she kissed the earth.

EL ÁRBOL DESNUDO

Yo corrí a decirle
a mi mamá
que el árbol de durazno
estaba llorando.

Ella se rió.
“Solo se está cambiando de ropa”.

El duraznero
botaba sus hojas secas.

THE NAKED TREE

I ran to tell
my mother
that the peach tree
was weeping.

She laughed.
"He's just changing his clothes."

The tree
was dropping dry leaves.

HOJAS

Las hojas caídas
no recuerdan
hojas de qué árbol fueron;

ni siquiera
que fueron hojas.

LEAVES

Fallen leaves
do not remember
which tree they came from,

or even
that they were leaves.

DURAZNERO

A este mismo árbol
—yo era chiquito—
apenas comenzaba a frutear,
le cortaba sus duraznos,
aún verdes.

Las ardillas se los comían,
o los pájaros los picoteaban
si esperaba a que maduraran.

Sigue dando frutos,
priscos, dulces,
se caen de maduros,
ya nadie los corta tiernos . . .

Miro el árbol duraznero,
se me hacen agua los ojos.

Y el árbol me mira
a través de los nudos de su tronco,
con ternura de viejo.

PEACH TREE

From this very same tree
—when I was little—
just as it was coming into fruit
I used to pick peaches,
though they were still green.

The squirrels ate them,
or the birds pecked them
if I waited for them to ripen.

And he keeps giving fruit,
firm, sweet,
it ripens and falls,
no one picks it green anymore . . .

I look at the peach tree,
my eyes welling,

and the tree gazes back
through the knots of his trunk,
with the tenderness of an old man.

II

APRENDIZ

En esos “de repentes”
se me viene la gana de escribir,
no porque sepa sino
porque haciéndolo y deshaciéndolo
es como aprendo este oficio y al final
algo me va quedando.

Las lomas,
los cerros,
los barrancos,
los pueblos viejos
tienen secretos encantadores
y de ahí mi deseo de sacarlos a pasear
en hojas de papel.

Este bello oficio, tengo que tratarlo
como sobretarea, aunque me duela,
porque no cuento con el tiempo que quisiera.
(Debo trabajar en otra cosa para sobrevivir.)

Mis versos tienen la humedad de la lluvia,
o las lágrimas del sereno, y no pueden ser
sino así, porque han sido traídos de la montaña.

APPRENTICE

It's in those "all of a suddens"
the urge to write comes,
not because I suddenly know how
but because it's in the doing and the undoing
that I learn this trade and, in the end,
something stays with me.

The hills,
the ridges,
the ravines,
the old towns
all hold enchanting secrets,
hence my wish to take them out for a stroll
on these sheets of paper.

And this beautiful work must be done
as a side job, as much as that hurts,
because I don't have the time I'd like.
(I work at other things to make a living.)

My words hold the dampness of rain,
the tears of morning dew, and it cannot be
otherwise, because they were brought down from the mountain.

UNA TABLA

Quisiera ser
sencillo como un árbol.

Aún menos
como una tabla.

A PLANK

I wish I were
simple as a tree.

Or even better,
a plank.

AZUL

Desde chiquito
me quemaba la garganta
la sed.

Hasta que una noche soñé
que con mis manos
abría un hoyo en la tierra
cerca de un puente viejo
y brotó agua limpia,
limpia.

Ahuequé mis manos y tomé;
calmó mi sed
no el agua,
sino el color.

BLUE

When I was little
thirst
burned my throat,

until one night I dreamed
my hands opened
a hole in the ground
near an old bridge
and a spring came gushing
clean, flowing
clear.

I cupped my hands and drank;
it quenched my thirst:
not the water,
the color.

Y NADA

Las puertas estaban cerradas,
la ventanita, también.

¿Por dónde entró?
A saber.

Pero de que entró, entró.

Encendimos el candil y nada.

Sentíamos su presencia
y nos daba miedo
la butaca vacía.

El espanto se rió.

NOTHING

The doors were closed,
the little window, too.

How did it get in?
Who knows.

However it got in, it got in.

We lit the lamp. Nothing there.

We felt a presence,
the menace
of a vacant chair.

And a ghost, laughing.

LA BUTACA

Con su voz
de madera vieja

la butaca me platica
de cuando yo era chiquito
y me sentaba
sobre las canillas de mi papá.

Cansada
con el peso de su ausencia,
la butaca se apolilla.

THE ARMCHAIR

With her voice
of creaking wood

the armchair tells
of when I was little
and nestled
in my father's lap.

Exhausted
by the weight of his absence,
the chair is
riddled with termites.

DE QUE HAY, HAY

Dejémonos de babosadas:

de que hay espantos,
¡los hay!

Un pueblo sin espantos
no es un pueblo de a de veras.

Pero
los espantos
tienen que ser meros.

WHAT IS, IS

Let's cut the bullshit:

Ghosts?
They exist!

A town without ghosts
is not a real town.

But
the ghosts
have got to be real.

EL ÁRBOL AQUEL

En el paraíso terrenal
estaba el árbol de la vida.

No había pecado,
no había muerte.

Sus hojas no se caían,
no se marchitaban.

Yo creo
que ese árbol
era de plástico.

THAT TREE

The tree of life
lived in an earthly paradise.

There was no sin,
there was no death.

Its leaves did not fall,
nor did they wither.

I think
that tree
was plastic.

LAS ESTRELLAS

Remiendos en las rodillas
y en las nalgas del pantalón
—desnuda y rota el alma—,

encaramado sobre el tepexco
de un güisquilar.

En aquel tiempo
cuando el cielo
no estaba lejísimo como ahora,

yo cortaba estrellas

y me las comía.

STARS

Patches on my knees,
on the seat of my pants
—my soul naked and broken—,

perching on a trellis
of güisquil vines,

back in those days
when the sky
was closer than it is now,

I plucked the stars

and ate them.

NOCHE

Noche oscura,
oscurísima.

A punto de llover.

En noches así
no se sabe
dónde termina la tierra
ni dónde comienza el cielo.

NIGHT

Dark night,
darker than dark

and smelling of rain.

On nights like this
no one knows
where earth ends
and the sky begins.

CANSANCIO

Con todo su peso
de árbol pedaceado

el tercio de leña

destila trementina
sobre mi espalda.

El mecapal parece de fuego.

Me paro un rato
y mi sombra se alarga
tendiéndose en el suelo,
tal vez más cansado que yo.

TIRED

With the full weight
of a chopped-up tree,

the load of firewood

drips sap
down my back.

My head strap turns to fire.

I stop for a bit
and my shadow stretches out long
to lie on the ground,
maybe more tired than I am.

SOMBRA

Sombra:
noche pequeña
al pie de cualquier árbol.

SHADOW

Shadow:
little night
at the foot of any tree.

MIRÓN

Si pudiera empinarme
mucho más alto
que aquel ciprés
que está sobre el cerro Pak'lom,

y ver lejos, bien lejos,
poniendo la mano sobre mis cejas
para abarcar más distancia,

tal vez miraría el mañana
detrás del atardecer.

WATCHER

If I could rise up
even higher
than that cypress
up on Pak'lom Hill,

and see far into the distance,
then shield my gaze
to scan even farther,

maybe I could see tomorrow
behind the sunset.

ORACIÓN

En los templos
sólo se oye la oración
de los árboles
convertidos en bancas.

PRAYER

In church
the only prayer you hear
comes from the trees
they turned into pews.

TIZNE

Murciélagos.
Murciélagos salieron del tizón.

Las llamas
en vano intentaron alcanzarlos
para volverlos
al nido de fuego.

Extendieron
sus alas
como grandes velos oscuros . . .

Cuando pasé mis manos
por las paredes
sólo eran tiznes.

Se habían vuelto humo.

SOOT

Bats.
Bats came out of the charred logs.

The flames
grasped in vain
to pull them
back into their fiery nest.

Their wings
opened
like huge dark veils . . .

When I reached my hand
to the wall,
there was only smudged ash.

They'd turned to smoke.

EL AGUA Y EL FUEGO

Yo no olvido la imagen
de aquella cocina encendida,
el humo ardía en los ojos
y era amargo en la lengua . . .

Las sombras en las paredes
eran espantos negros.

El fuego enloquecido
devoraba los leños

y el agua hirviendo
parecía un animal rabioso
rascando dentro de la olla.

WATER AND FIRE

I can still see the image
of that fire-lit kitchen,
smoke burning my eyes,
bitter on the tongue . . .

The shadows on the walls
were black horrors.

The crazed flames
devoured the logs

and the boiling water
looked like a rabid animal
scratching inside the pot.

PARA EMPEZAR

Lunes:

pesado bostezo
en la boca de la semana.

TO BEGIN WITH

Monday

yawns wide
as the week opens its mouth.

EL CUIDADOR

Les tira puños de tierra
o bodoques de lodo
con su honda de pita.

Cuidador de milpa,
arriador de chocoyos
espantador de xaras y sanates.

Sencillo
como saltito de chogüix,
callado
como nudo de rastrojo
humilde
como agua de riachuelo . . .

Y sus piecitos
embarrados
de tanto corretear
por los surcos.

THE CARETAKER

He chucks fistfuls of earth,
or dirt pellets
with his slingshot.

He watches over the fields,
driving off birds: chocoyos,
xaras, sanates.

Simple
as a chogüix's hop,
quiet
as a knot of stubble,
humble
as water in a creek . . .

And those little feet
caked in mud,
from all that running
through the furrows.

LEÑADOR

El leñador va al monte,
camina entre la neblina encalada,
se envuelve con el calor
de los árboles.

Corta ramas,
junta chiribiscos,
jatea rajas de leña.

Hachazo tras hachazo
¡Cómo huele la trementina!

Se ensaliva las manos
para que no se le zafe el hacha.

Necesita leña
para tener su pedazo del sol.

WOODCUTTER

The woodcutter goes up the mountain
and walks through the pale wash of mist,
draped in the warmth
of the trees.

He chops limbs,
gathers kindling,
heaps piles of firewood.

Hack after hack: the sharp
scent of sap.

He spits on his hands
so the axe doesn't slip.

He needs wood
to get his little piece of sun.

CADA UNA CON SU SOMBRA

Amanece.

El sol se come la neblina
y comienza a pintar:
caminos,
árboles,
casitas,
animales,
gentes . . .

Y a cada uno
le pone sombra.

TO EACH ITS SHADOW

Dawn.

The sun eats the mist
and begins to paint:
roads,
trees,
houses,
animals,
people . . .

. . . and to each one,
he gives a shadow.

DULCEMENTE

Y dicen
que después que el gallo
cantó tres veces,

un tal Pedro
lloró amargamente.

Yo quisiera saber
cómo se llora
dulcemente.

SWEETLY

They say
after the cock crowed
three times,

that a certain Peter
wept bitterly.

I'd like to know
how to cry
sweetly.

HOJAS

Me gusta oír
el canto verde de las hojas:
amaneciendo.

Tiernas,
olorosas.

Y me duele
su silencio de amarillo triste:
color de tarde que se muere.

Se desprenden sus ramas.
¿Y para qué?

Para volverse tierra.

LEAVES

I like to hear
the leaves singing green
at sunrise.

So tender,
so fragrant.

And the sad yellow silence
of dying afternoons
hurts.

Branches break and fall.
And for what?

To become dirt.

NI MODO

Cielo color de humo,
invierno vestido de ceniza,
camino lodoso,
olor a caca.

¡Ay! Dios,
qué vida tan salada,
siempre jodido,
siempre solo,
siempre triste . . .

Y ni modo,
¡hay que hacerle huevos!

EVEN SO

Sky the color of smoke,
winter cloaked in ash,
road made of mud,
the smell of shit.

O God!
what a salty life,
always screwed,
always alone,
always sad . . .

Even so, you've got to have
the stones for it!

EL PUENTE

Parecía un bocona abierta
—el barranco—
como queriendo tragarse el cielo.

Ya vienen, ya vienen,
—el alboroto del patojerío.

Hombres y muchachos arrastrando
enormes cipreses tuncos
y desnudos de su corteza.

Carcajadas, pujaderas, gritos:
¡Ahí! ¡Ahí! ¡Ahí!
¡Dale! ¡Dale! ¡Dale!

Y le tapaban la boca al barranco.

¡Había que ver
la belleza de aquel puente!

THE BRIDGE

The ravine looked like
an opened mouth,
like it wanted to swallow the sky.

They're coming, they're coming—
the little kids hollered.

And they came, men and boys,
dragging huge cypress logs
stripped of their bark.

Laughter, cursing, yelling:
Get to it! C'mon!
Get to it! C'mon!

And they shut up the mouth
of that ravine:

Have you ever seen
such a beautiful bridge!

LAS FLORES

Las raíces
nos mandan a contar
—por medio de las flores—
cómo es la tierra por dentro.

Y las flores se marchitan,
se mueren
porque acá afuera
la vida es una mierda.

FLOWERS

Roots
send flowers to tell us
what earth is like
on the inside.

And flowers
fade, they die,
because out here
life is shit.

CONTENTO

Amanecí contento
con el pelo enredado.

Un pájaro hizo su nido
sobre mi cabeza
y empolló sus huevitos.

Hoy
sus pichones
amanecieron cantando.

Estoy contento.

HAPPY

I woke up happy
with tangled hair.

A bird made its nest
on my head
and hatched her little eggs.

Today
her nestlings
woke up singing.

I'm happy.

PIEDRAS

No es que las piedras sean mudas:
solo guardan silencio.

STONES

It's not that stones are mute:
they just keep quiet.

ÁRBOLES

Arden de verdor
los follajes
pinos, cipreses, pinabetes;
quemán de frescura,

y la lluvia cae
para apagar ese fuego raro,
y entre más agua,
más verdes se ponen . . .

¡Cómo quisiera revolcarme
entre sus hojas!

TREES

burn with green
foliage;
the pines, cypresses, and firs
blaze with freshness,

rain falls
to douse the strange fire,
and the more it falls,
the greener it burns . . .

How I'd love to wallow
in those leaves!

LA LLUVIA

Ayer encontré a una nube llorando.

Me contó que había llevado su agua
a la ciudad
y se perdió.

Buscó paisajes
y la ciudad se los había tragado.

Descalza, triste y sola
regresó.

Volvió a llover en el campo;
xaras y sanates
hicieron fiesta.

Y cantaron los sapos.

THE RAIN

Yesterday I found a cloud, crying.

She told me she was bringing water
to the city
and got lost.

She was looking for a landscape
the city had swallowed up.

Barefoot, sad, and alone
she came back,

and rained again in the fields;
the bright-winged xaras and sanates
had a little party.

And the frogs sang.

Y LO SABE

El viento no puede
atajar un sueño.

La noche se hace luz
para el pensamiento.

Yo vivo aquí
pero
pienso allá

y mi pueblo lo sabe.

THEY KNOW

The wind cannot
catch a dream.

The night is lit
with thought.

I live here
but my mind
is there,

and my people know it.

DOS OJOS

El cielo
tiene dos ojos.

No puede ver con los dos a la vez

se eclipsan.

TWO EYES

The sky
has two eyes

but can't look through both at once
without one

eclipsing the other.

AGUA CLARA

. . . y es que el agua
de la poza aquella
era tan clara, tan clara
que podíamos ver las venas
de las hojas secas
que dormían en su fondo.

CLEAR WATER

. . . and the water
from that pool
was clear, so clear
we could see the veins
of dead leaves
sleeping on the bottom.

ALLÁ

Allá
de donde yo soy

es el único lugar
donde uno
puede agarrarse de la noche
—como de una baranda—

para no caer
en la oscuridad.

THERE

There,
where I come from,

is the only place I know
where you can
grab the night
like a railing

to keep from falling
through the dark.

RELÁMPAGO

A veces
el cielo se asusta
de tanta oscuridad.

Un relampagazo
para ver si estamos
aquí abajo.

Para su sopresa,
acá estamos
confiados
en que el cielo
sigue arriba.

LIGHTNING

From time to time
the sky gets scared
of all that dark

and launches lightning bolts
to see if we
are still down here.

To its surprise,
here we are,
trusting
the sky
is still up there.

OÍDO EN UN MERCADO

—¿Y qué te parece?

—Pues
que la panza te crece
y el culo
se te desaparece . . .

OVERHEARD IN THE MARKET

—And what do you think?

—Well,
your belly gets bigger
and your ass
disappears . . .

EL FUEGO

El fuego
acuclillado,
apaga la tristeza del leño
cantándole
su ardiente canción.

Y el leño
le escucha
consumiéndose
hasta olvidar
que fue árbol.

THE FIRE

The fire
crouches.
He eases the log's sadness
by singing
his burning song.

The log
listens,
so consumed
he forgets
he was ever a tree.

LOCO

Siento unas terribles ganas
de gritar,

tomarme grandes tragos
de estas mañanas aneblinadas
hasta que se me rebalse la boca

y embolarme de pueblo.

Si alguno
en un sano juicio grita,
lo toman por loco,

si un bolo lo hace
es normal.

¡Ayayay, carajo!

CRAZY

I feel a terrible urge
to scream,

to take huge gulps
of these foggy mornings
until my mouth overflows

and I get drunk on the town.

If anyone
in his right mind screams,
he's taken for crazy,

if a drunk does it
it's normal.

What the hell!

VIEJO CIPRÉS

Aleteos
despeinan al viejo ciprés.

Llamaradas de plumas,
pájaros arden en cantos
entre sus hojas,

y el árbol contento,
lleno de alegría verde.

OLD CYPRESS

Wingbeats
tousle the old cypress.

Feathers flare
as birds burn in song
among its leaves,

and the happy tree
fills with green joy.

UN BRINCO

Quiero columpiarme,
hacerme cosquillas,
carcajearme,
orinarme de risa.

Pego un brinco
y me cuelgo de las pestañas
de la luna.

Esta vida es un nudo
que, quién sabe
por dónde andarán los cabos
para desatarla,

mientras tanto
cada quién jala por su lado
para acabar de joderla.

A LEAP

I want to rock back
and forth,
tickle my ribs,
piss myself laughing.

I take a leap
and hang from the eyelashes
of the moon.

This life is a knot:
who knows
how to tug at the ropes
to unravel her,

in the meantime
everybody's pulling on their own little end
to finish fucking things up.

ABUELO

La calle muda,
el viento fresco.

El viejo de noventa años
recostado
sobre la baranda
de puente de piedra
mirando el río,
o el río
viéndolo a él.

Bajo de estatura,
recio de personalidad,
mirada gris,
voz k'iche'.

Bastión de la casa,
bastión del pueblo.

GRANDFATHER

Quiet street,
cool wind.

The ninety-year-old man
inclines
over the ledge
of the stone bridge,
and looks at the river,
or the river
looks at him.

Stocky,
tough,
weathered gaze,
K'iche' voice.

Foundation of the house,
foundation of the town.

AL DESPERTAR

Un día
el Creador me vio solo,
muy solo.

Me hizo dormir,
me hizo soñar,
bajo una mata de milpa

y me arrancó una costilla . . .

Al despertar,
frente a mí
—rechula, desnuda, de barro y de maíz,
con olor a monte—

mi poesía.

AWAKENING

One day
the Creator saw me alone,
so alone.

He made me sleep,
he made me dream
out in the fields of maize,

and he ripped a rib out of me . . .

Upon waking,
in front of me
—gorgeous, naked, made of clay and corn,
scented like a mountain—

my poetry.

VOLAR

Hojas,
palomas de una sola ala

y de un solo vuelo.

TO FLY

Leaves,
feathers from a single wing

and a single flight.

DERRUMBE

La noche se derrumba
y la oscuridad cae
al fondo el barranco:

se hace agua
y se vuelve río.

LANDSLIDE

Night tumbles
and darkness falls
into the ravines

where it turns to water
and becomes a river.

RECUERDOS

Esta tristeza que siento ahora
se parece a la que sentí
cuando fui chiquito:

mi papá se emboló
y nos quedamos durmiendo
en la calle.

Él estaba conmigo,
pero yo me sentía solo.

MEMORY

This sadness I feel now
seems the same
as when I was little:

my dad got drunk,
and we found ourselves
sleeping in the street.

He was with me,
but I was all alone.

HABLO

Hablo
para taparle
la boca

al silencio.

I SPEAK

I speak
to shut
the mouth

of silence.

EL DÍA QUE ENVEJECÍ

Envejecí la mitad de mi vida
el día que mi padre murió:
yo era entonces
desoladoramente joven . . .

Mi madre me llamó con sus ojos
cuando amaneció nuestra soledad
y me mostró sus manos vacías.

Un silencio más grande
que aquella mesa sin pan
se instaló en la casa.

El peso del futuro
se presentó sin avisarme;
se arrugaron mis días
y ya no tuve tiempo de ser joven.

THE DAY I GREW OLD

I aged half my life
the day my father died:
I was heart-breakingly
young . . .

My mother called to me with her eyes
as our loneliness dawned
and showed me her empty hands.

A silence greater
than a table without bread
settled into the house.

The weight of the future
arrived with no warning; my days grew
creased and lined with age.
There was no more time to be young.

SIN REMEDIO

Como yo no pude aprender "algo"
para llegar a ser "alguien"
me dedico a presumir de escribidor
para matar el tiempo.

"Entretenimiento de locos,
oficio de hambrientos",
me dijeron alguna vez.

Otros corren,
invierten el día
haciendo pisto.

Yo hago poesía.

¿Para qué sirve la poesía?

A saber.

BEYOND HELP

Since I couldn't learn "something"
to become "somebody,"
I hereby dedicate myself
to presuming to be a writer
to kill time.

"Pastime of the crazy,
trade of the hungry,"
they told me.

Others run around,
spend the day
making do.

I make poetry.

What's poetry do?

Who knows.

III

K'UXK'UB'EL

Cada vez que mirés la flor de cerezo
o te comás una cereza
acordate del lloro de una muchacha
que se llamó K'uxk'ub'el.

Ella
antes de dejarse agarrar
a la fuerza de un kaxlan,
prefirió meterse
en el tronco de ese árbol
y vivir allí para siempre.

Desde entonces
cada año llora en flores rosadas.
Escogió ese color
porque su llanto es de virgen
y su beso:
un fruto de sangre.

K'UXK'UB'EL

Whenever you see a cherry blossom
or eat a cherry
remember the cry of a girl
called K'uxk'ub'el.

Rather
than let herself
be plundered by a Castilian,
she entered the heartwood
of the cherry tree
to live there forever.

Every year since,
it weeps pink blossoms.
It chose that color
because her tears are those of a virgin,
and her kiss:
the fruit of blood.

MI SOMBRA

De repente
siento que mi sombra pesa.

Me lleno de cólera,
le reclamo
le grito que me cae mal
su terquedad de acompañarme.

Poco a poco
cojeando
se adelanta:
cinco
diez
quince
veinte pasos . . .
Se para.

Y me acuerdo de aquella muchacha
que siempre me esperaba
allá en mi pueblo
porque le daba tristeza
verme
caminar
solo . . .

MY SHADOW

Out of nowhere,
I feel the weight of my shadow.

I fill with rage,
shrieking
that I cannot stand
how stubbornly it clings to me.

Little by little
it limps
out ahead of me:
five
ten
fifteen
twenty steps . . .
then stops.

And I remember that girl,
the one who always waited for me
back in my village
because it made her sad
to see me
walking
alone . . .

EL ARTESANO

Un cuchillo viejo y un trozo de madera,
con las limitaciones de su instrumento,
comenzó a darle forma a una idea:
un trabajo rústico.

Su escultura no era para vitrinas
ni escaparates.

Su obra era
para la plaza de tierra del pueblo
o los mostradores de tablas viejas
de tienditas sin luz.

Viendo trabajar a ese artesano
vi mi poesía tallada en su escultura.

THE CRAFTSMAN

With an old knife and a hunk of wood
and the limitations of his tool,
he gave shape to ideas:
an age-old job.

His sculpture was not meant for glass cases,
or shop windows.

His work was meant
for the dirt plaza in town,
or the scrap-wood shelves
in little unlit stores.

Watching that craftsman work
I saw my poetry carved in sculpture.

HACE TIEMPO

Hace tiempo,
mucho tiempo
que te amo
con ese amor escondido
de las raíces que aman
con toda la fuerza de la tierra
hasta reventar en flor.

IT'S BEEN A WHILE

For a long,
long time
I've loved you
with this love buried
in these roots
that love with all the force
of the earth
until bursting into flower.

LA LUNA EN EL AGUA

No era bella
pero la sentía en mí
como la luna en el agua.

THE MOON ON THE WATER

She wasn't beautiful
but she hit me
like the moon on the water.

ELLA

Ella
con los brazos sueltos
a lo largo de su cuerpo

parecía una paloma
a quien
se le hubiera olvidado volar,

y su risa se fue apagando
poco a poco
en el brasero de su boca.

SHE

With her arms loose
at her sides,
she looked

like a dove
who'd
forgotten to fly away,

her laughter fading
to embers
in her mouth.

HOJA DE HIGO

El verso
estalló en tu voz,

las palabras se desnudaron
para que las mujeres pasaran
sin taparse la cara.

La vergüenza es el pecado.

Pero vos
les quitaste la hoja de higo.

FIG LEAF

The poem
broke open in your voice,

each word undressed,
and women passed without
hiding their faces.

Shame is the sin.

But you
lifted the fig leaf.

ENCUENTRO

Nos cruzamos en el camino.

Si nuestros abuelos
no hubieran hecho este camino,
tal vez
no nos habríamos encontrado.

No sé qué hubiera sido mejor.

Tus descalzas huellas
las borró el viento.

El eco de tus pasos
me sigue desde entonces.

MEETING

Our paths crossed.

If our grandparents
had walked different ones,
perhaps
we'd have never met.

I don't know what would have been better.

The wind erased the prints
of your bare feet.

Since then, the echo of your steps
has followed me.

DESEO

Cómo quisiera un lejano mañana
donde fuera imposible el ayer.

Donde no consuma el recuerdo
como fuego en las rozaderas
de rastrojos de milpa.

Y no sufrir
el paso doloroso del tiempo
donde cada vez
es más difícil olvidar.

WISH

I dream of a distant tomorrow
where yesterdays would be impossible,

where recollection wouldn't hunger
like fire through the stubbled
cornfields,

where I wouldn't suffer
the pain of time
making each moment
unforgettable.

OLVIDO

Olvido,
esta es una palabra bella
que no sirve para nada.

FORGOTTEN

Forgotten,
is a beautiful word
that serves no purpose.

AULLIDO

El viento
arrastra el llanto de la tarde
sobre las aguas del río.

Un coyote bebe,
su aullido es triste:
es el agua,
el agua,
agua.

HOWL

The wind
trails the evening's cry
over the flowing river.

A coyote drinks:
his sad howl
is all water,
water,
water.

ATARDECER

Como rosa lastimada
la tarde
se desangra

poco a poco
se hace ausencia.

Y esa ausencia es
nunca más.

DUSK

Like a wounded rose,
evening
bleeds

slowly
into nothing.

Then even nothing
is no more.

ESTALLÓ

Estalló tu silencio
y despertaste al loco
que dormía en mi cabeza.

Empecé a buscarte
por esos caminos apagados.

Me dicen que te volviste flor,
me dicen que te volviste miel.

Por tu culpa
siento que soy abeja.

RUPTURE

Your silence
exploded and awakened
the madman sleeping in my brain.

I started looking for you
down every dead-end road.

They tell me you turned into flowers,
they tell me you turned into honey.

It's your fault
I think I'm a bee.

SAQUÉ DE MI CABEZA TU NOMBRE

Saqué de mi cabeza tu nombre
y lo dejé perdido en el monte.

Lo recogió el aire
y agarró camino
entre los barrancos.

Yo comencé a olvidar.

De repente
chocó contra los peñascos
y regresó el rebote:

la lluvia se puso a cantar
y tu nombre me llegó llorando.

I TOOK YOUR NAME OUT OF MY HEAD

I took your name out of my head
and left it lost in the hills.

The wind picked it up
and made its way
into the canyons.

I began forgetting,

when suddenly
the wind
struck the cliffs
and the echo resounded:

the rain began to sing,
and your name came back to me, crying.

EL TRISTE

Yo prefiero ser triste.

De la muerte sólo me separa
el silencio.

¡Ay, de los alegres!

Para llegar a la muerte
tienen que pasar por la tristeza.

THE SAD ONE

I prefer to be sad.

Silence is the only thing
between me and death.

But those poor happy folks?

To finally get to death,
they'll have to pass through sadness.

IV

Y NADIE NOS VE

La llama de nuestra sangre arde,
inapagable
a pesar del viento de los siglos.

Callados,
canto ahogado,
miseria con alma,
tristeza acorralada.

¡Ay, quiero llorar a gritos!

Las tierras que nos dejan
son las laderas,
las pendientes:
los aguaceros poco a poco las lavan
y las arrastran a las planadas
que ya no son de nosotros.

Aquí estamos
parados a la orilla de los caminos
con la mirada rota por una lágrima . . .

Y nadie nos ve.

AND NOBODY SEES US

The flame of our blood keeps
burning
despite centuries of wind.

We're silenced,
throats choked with song,
soulful misery,
our sadness corralled.

And I want to break out screaming!

The lands they leave for us
are mountain slopes,
pitched hillsides
that downpours wash away
little by little
into the bottomlands
that are no longer ours.

Here we are,
standing along the roadside,
our gaze broken by tears . . .

. . . and nobody sees us.

EL BAILE

Todos bailamos
sobre la orilla de un centavo.

El pobre—por ser pobre—
pierde el equilibrio,
se cae

y los demás
le caen encima.

THE DANCE

We're all dancing
on the edge of a centavo.

The poor—because they're poor—
lose their balance
and fall,

and everybody else
lands on top.

LIBERTAD

Sanates, zopes y palomas
se paran sobre catedrales y palacios
tan igual como sobre piedras,
árboles y corrales . . .

y se cagan sobre ellos
con toda la libertad de quien sabe
que dios y la justicia
se llevan en el alma.

FREEDOM

Blackbirds, buzzards, and doves
perch on cathedrals and palaces
the same as rocks,
trees, and fenceposts,

and they shit on them
with the full freedom of those who know
that god and justice
live in the soul.

VUELO

Soy pájaro:

mis vuelos son
dentro en mí.

FLIGHT

I am a bird:

flight lives
inside me.

EL AGUACERO

El aguacero
es un espejo.

De un morongazo
lo rompe la tempestad,

y la patria
en la lluvia rota

ve su cara
hecha pedazos.

DOWNPOUR

The downpour
is a mirror.

In one violent
cloudburst

the storm breaks,
and in the broken

rain,
our homeland

sees its
shattered face.

LEJANÍA

En este país pequeño
todo queda lejos:

la comida,
las letras,
la ropa . . .

DISTANCE

Somehow in this tiny country
everything remains far away:

food,
learning,
clothing . . .

EL SOL

El sol
se mete
entre tejas

con esa terquedad
de mirar
que hay
dentro de nuestras casitas.

Y se pone pálido
al ver
que con su luz
es más clara
nuestra pobreza.

THE SUN

The sun
slips between
the roof tiles

bound and determined
to see
what's happening
inside our little houses.

And he goes pale
on seeing
he only
sheds light
on our poverty.

ANTES

Antes,
tan atrás
que el sol ya no recuerda:
la tierra era dueña del hombre.

Ahora es al revés.

BEFORE

Back then,
so long ago
the sun no longer remembers:
earth owned man.

Now it's the other way round.

SALVAJE

Soy salvaje,
rebelde a la música
ajena a mis oídos.

Tengo una montaña en la cabeza;
solo escucho cantos de pájaros
y gritos de animales.

WILD

I'm wild,
resistant to any music
beyond what's in my ears.

There's a mountain in my head:
I hear only birdsong
and the cries of animals.

JAGUAR

Otra veces soy jaguar,
corro por barrancos,
salto sobre peñascos,
trepo montañas.

Miro más allá del cielo
más allá del agua,
más allá de la tierra.

Platico con el sol,
juego con la luna,
arranco estrellas
y las pego a mi cuerpo.

Mientras muevo la cola,
me hecho sobre el pasto
con la lengua de fuera.

JAGUAR

Sometimes I'm a jaguar
running through ravines,
leaping boulders,
climbing mountains.

I look beyond the sky,
beyond the water,
beyond the earth.

I chat with the sun,
play with the moon,
and pluck stars
and stick them to my body.

My tail stirs as I
stretch out on the grass,
panting.

QUISIERA

Los pajáros
cantan en pleno vuelo
y volando cagan.

Me les quedo viendo
y mis miradas los siguen
hasta donde termina la pita
que les dan mis ojos.

Como quisiera ser pájaro
y volar, volar, volar
y cantar, cantar, cantar,
y cagarme—de buena gana—
¡sobre algunos
y algunas
cosas!

I WOULD LIKE

Birds
sing in mid-flight
and shit while flying.

I watch them,
and my eyes follow
as far as the thread
of my vision can stretch.

How I would like to be a bird
and fly and fly and fly,
and sing and sing and sing,
and shit—gladly—
on whoever
and whatever
needs it!

ORACIÓN DE MAÍZ

De pie
entre surcos
apoyado en su azadón
descubierta la frente,
hizo su oración mañanera.

¿Por qué no de rodillas?

Porque la reverencia
no está en el cuerpo
sino en el alma.
La tierra y yo somos iguales.
Sólo los hipócritas se arrodillan
en un pobre esfuerzo
por acallar
la voz de su conciencia.

Campesino hermano
con qué amor
regás tu sudor sobre la tierra
para arrancarle
sus cantos de maíz y de frijol . . .

Y tu jornal
apenas si puede comprarlo.

CORN PRAYER

Standing
among the furrows,
leaning on his hoe,
head bare,
he makes his morning prayers.

Why not on his knees?

Because reverence
lives not in the body
but the soul.
The earth and I are the same.
Only hypocrites kneel
in a weak attempt
to silence
the voice of conscience.

Campesino, brother,
with what love
you soak the earth with sweat
to wrench free
its song of corn and beans . . .

And your wages
can barely buy them.

NO SÉ . . .

Mi pueblo
me vio salir en silencio.

La ciudad con su bulla
ni cuenta se dio
de mi llegada.

Dejé de ser campesino
y me hice obrero:

no sé si adelanté
o retrocedí.

I DON'T KNOW . . .

My people
watched me leave in silence.

The bustling city
took no notice
of my arrival.

I stopped working the land
and got a job:

I don't know if I went forward
or backward.

V

EL CANTO VIEJO DE LA SANGRE

Yo no mamé la lengua castellana
cuando llegué al mundo.

Mi lengua nació entre árboles
y tiene sabor de tierra;
la lengua de mis abuelos es mi casa.

Y si uso esta lengua que no es mía,
lo hago como quien usa una llave nueva
y abre otra puerta y entra a otro mundo
donde las palabras tienen otra voz
y otra moda de sentir la tierra.

Esta lengua es el recuerdo de un dolor
y la hablo sin temor ni vergüenza
porque fue comprada
con la sangre de mis ancestros.

En esta nueva lengua
te muestro las flores de mi canto,
te traigo el sabor de otras tristezas
y el color de otras alegrías . . .

Esta lèngua es solo una llave más
para cantar el canto viejo de mi sangre.

THE OLD SONG OF THE BLOOD

My mother's milk fed me no Castilian
when I came into this world.

My language was born among trees,
it holds the taste of earth;
my ancestors' tongue is my home.

And if I use this language that is not mine,
I do it as someone using a new key
to open another door and enter another world
where words have other voices,
a different way of feeling the earth.

This language holds the memory of pain,
and I speak it without fear or shame
because it was paid for
with the blood of my ancestors.

In this new language
I show the flowers of my song,
bring the taste of other sorrows,
the shades of different joys . . .

This tongue is just one more key
for singing the old song of my blood.

SOMBRAS

La sombra de una casa,
de un árbol,
de un muro,
o de una roca . . .
en nuestra lengua se dicé mu'j.

La sombra de uno
se llama nonoch';
es la compañera
que uno trae cuando nace
y la que se lleva cuando se muere.

SHADOWS

The shadow of a house
or a tree,
or a wall,
or a rock . . .
is called mu'j
in our language,

and the shadow of a person
is called nonoch';
the companion
who comes with you at birth,
who leaves with you when you die.

NACIMIENTO

Las poetas nacemos viejos:

con el paso de los años
nos vamos haciendos niños.

BIRTH

Poets are born old:

as the years pass
we make ourselves into children.

CAMINO AL REVÉS

De vez en cuando
camino al revés:
es mi modo de recordar.

Si caminara sólo hacia delante,
te podría contar
cómo es el olvido.

WALKING BACKWARDS

Every now and then,
I turn and start walking backwards:
it's my way of remembering.

If I only ever walked forward,
then I could tell you
what forgetting is.

SI LOS PÁJAROS

Si los pájaros
escribieran sus cantos,

hace tiempo
que los habrían olvidado.

IF BIRDS

If birds
wrote down their songs

they would have been forgotten
ages ago.

EL LEÑADOR

Cortezas secas
que endureció el invierno,
los pies del vendedor de leña.

El mecapal
quemándole la frente sin piedad.

Un tercio de leña
cabalgando en él.

Cada puerta
un relámpago de esperanza.

—¿La kakanaj wa si' tat?
(¿Va a querer leña, señor?)
Y su humildad se inclina
ante el umbral.

THE WOODCUTTER

The feet of the man selling firewood
are cracked like bark,
hardened by winter.

His mecapal
burns his forehead without cease.

A load of wood
rides his back.

At every door
a glimmer of hope,

—La kakanaj wa si' tat?
(Will you be wanting firewood, sir?),
as he humbly bows
at the doorstep.

CORAZÓN ROTO

Quisiera dejarte mi corazón
así como está:
                                        roto.

Con el sueño de que tal vez
la grieta pudiera servirte de

                                        puerta.

BROKEN HEART

I'd like to leave you my heart
as it is:
broken.

With the dream that, maybe,
the crack could serve you

as a door.

TEMBLOR DE FUEGO

Frente a esas piedras
que tallaron mis ancestros,
siento miedo . . .

No un miedo cualquiera,
sino el miedo que se siente
frente al misterio de su silencio.

Esas piedras con la boca cerrada
guardan secretos de lejanos ayeres
como esperando gritarlos
al primer temblor de fuego.

TREMOR OF FIRE

Facing these stones
carved by my ancestors,
I feel afraid . . .

And it's not just any fear,
but the fear that comes from confronting
the mystery of silence.

These stones keep their mouths shut,
they hold the secrets of distant yesterdays
as if waiting to shout them
at the first rumbling of fire.

VOCES

En el recuerdo
en la memoria
en la sangre.

Vienen de lejos
vienen de adentro
vienen de ayer:

las voces de mis mayores.

VOICES

In memory,
in remembrance,
in my blood.

They come from afar,
come from within,
come from yesterday:

the voices of my elders.

MANOS

Las veo y me parece
como si hubieran nacido
antes que ella.

Arrugadas, rústicas,
lejos ya de los trabajos
de aquellos días . . .

Cómo han envejecido
las manos de mi mamá.

HANDS

They look
as if they were born
before she was.

Wrinkled, rough,
already distant
from the work of those days . . .

how they have aged,
my mother's hands.

ESE DÍA

El día de repente se oscureció;
no se apagó el sol,
no se nubló el cielo
ni había señal de lluvia.

Un pueblo de azacuanes
tapó el cielo con su alerío.

Nunca se había visto tantos
y no se ha vuelto a ver.

Ese año hubo tanta lluvia,
se derrumbaron cerros
y sepultaron pueblos.

THAT DAY

Suddenly, the day dimmed;
the sun did not go out,
the sky was not overcast,
there was no sign of rain.

A migrating village of azacuanes
covered the sky in wings.

Never before have so many
been seen, and never again.

That year there was so much rain,
hills collapsed
and buried towns.

UNA PERSONA

Una persona triste
no es una persona.

Es un pedazo de algo
que camina
con la mitad de la vida.

A PERSON

A sad person
is not a person.

It's just a shard
of something

walking along
with half a life.

SOLEDAD

De repente oigo
que alguien toca la campanilla,
salgo a ver
y no hay nadie.

Otras veces
escucho pasos, espero,
no llega nadie.

Cuando cae la noche
siento como si alguien me siguiera,
prendo la luz y
no me sigue nadie . . .

Tal vez
la soledad
no soporta estar sola.

LONELINESS

Out of nowhere
I hear someone ring the bell,
I go out to check:
there's nobody there.

Other times I hear
footsteps, wait,
and no one arrives.

When night falls
I sense someone behind me,
I flick on the light:
nobody there . . .

Maybe
loneliness
can't stand being alone.

OJO DE AGUA

El ojo de agua lloraba en la oscuridad;
la luna, madre de los nacimientos,
vino a contestar su llanto
y la pocita mamó luz.

THE SPRING

The murmuring spring cried in the dark;
the moon, mother of all births,
came to answer her cry
and the little pool drank
white light.

MARRANO

Cuando veo la tierra lodosa
del camino al arroyo de Pachawaqan,
lamento no ser marrano
para pegarme una revolcada en ese fango.

PIG

When I see the mud
along the road to Pachawaqan Arroyo,
I'm sad I'm not a pig
and wallowing in all that sludge.

PARAÍSO

Aquí era paraíso.

Maíz, trigo, frijol,
no había fruto prohibido,
las culebras eran mudas.

Je'lik Ch'umil y Kowilaj Chee'
hacían el amor sobre la hierba
y se cubrían con el cielo.

Hasta que hablaron
las serpientes:

Prohibieron los frutos
y se repartieron entre sí
el Paraíso.

PARADISE

Here was paradise.

Corn, grain, beans,
there was no forbidden fruit.
Snakes were mute.

Je'lik Ch'umil and Kowilaj Chee'
made love in the fields
and covered themselves with sky,

until the words
of the serpents

banned thc fruits
and divvied up paradise
for themselves.

UN LIBRO

Cómo deseo que llegue el día
cuando en este país
todos anduvieran armados
de un libro.

A BOOK

How I long for the day
when everyone in this country
walks around armed
with a book.

SIN NOMBRE

No podré olvidar
el ladrido de los chuchos
cuando comían
a los muertos
que se quedaron tirados
en los caminos.

Los chuchos
también se comieron mi nombre.

NAMELESS

I cannot forget
the barking
of the dogs
as they ate
the dead
bodies in the road.

Those dogs
ate my name, as well.

TIERNAS Y MARCHITAS

Las muchachas de mi pueblo
amanecen tiernas
y atardecen marchitas . . .

La pobreza y el mal trato
queman la juventud
en un caída de sol.

TENDER, WITHERED

The girls of my village
wake up tender,
go to bed withered.

Mistreatment and poverty
burn away youth
in a single sunset.

HAY QUIENES ESPERAN

Hay quienes esperan
el fin del mundo;

pobres,
no se han dado cuenta:

hace tiempo
que está hecho pedazos.

THOSE WHO WAIT

There are those who await
the end of the world;

poor souls, they failed
to notice

it's been smashed to bits
for quite some time.

SUEÑERO

—¿Es usted el Señor Sueñero?
—Sí, Señora, soy yo.
—No entiendo cómo usted,
siendo tan inteligente,
pierde el tiempo haciendo poesía.
Ya ve, cuánta se ha escrito
y el mundo sigue peor . . .
—¿Y usted cree
que si no se escribiera poesía
el mundo estaría mejor . . . ?

DREAMER

—Are you Mr. Dreamer?
—Yes, ma'am, that's me.
—I don't understand how you,
being so intelligent,
waste your time making poetry.
You see how much has been written
yet the world grows worse . . .
—And you believe
if poetry were not written
the world would be better . . . ?

GRILLOS

Los grillos
son los músicos más inútiles:
desde antes, mucho antes,
vienen repitiendo la misma nota
y noche tras noche
dale que dale con la rascadera.

CRICKETS

Crickets
are the most useless musicians:
since forever, and even before,
they've been playing the same note
night after night
sawing away with abandon.

LENGÜETERO

He despedazado mi vida en papeles,
he dicho tantas cosas de mí
que algunas han quedado de cabeza,
otras de espaldas
y otras torcidas.

La he contado de muchas maneras,
que yo mismo ya no sé
qué cosas son ciertas y qué no.

La he contado en diversas posiciones:
acostado, sentado, de pie,
sobrio y borracho.

La he contado llorando, riendo,
triste, enojado y contento.

La he hablado, escrito,
grabado y filmado.

He desgraciado mi hoja de vida
por lengüetero.

Sin darme cuenta,
la jodí.

THE BLOWHARD

I've torn my life to tatters,
I've told so many things about myself
that some wound up upside down,
others knocked on their backs,
others crooked.

I've told it so many ways
that I myself no longer know
what's true and what's not.

I've told it from different angles:
sitting, standing, lying down,
sober, drunk.

I've told it crying, laughing,
sad, annoyed, content.

I've spoken it, written it,
recorded and filmed it.

I've ruined the blank page of my life
with blather.

Without even noticing,
I fucked it up.

EL ANCIANO ANACLETO

—¿Cómo está, Señor Anacleto?
—Cada día me cuesta levantarme,
me rechinan las bisagras,
cada vez que despierto me pregunto
si aún estaré en ésta
o ya estoy en la otra . . .
A mi edad da lo mismo
despertar aquí o allá.

OLD ANACLETO

—How are you, Mr. Anacleto?
—I find it hard to get out of bed,
my hinges creak,
and every time I wake up I wonder
whether I'm still in this world
or gone to the other . . .
At my age it doesn't much matter
if I awaken here or there.

Y, QUÉ MÁS

Yo le puedo a mentir a tu cabeza
pero no le puedo a mentir a tu corazón:
lo que no se dice, se siente.

AND, WHAT'S MORE

I can lie to your face
but not your heart:
what's not said, is felt.

ÁRBOL SOLITARIO

El sol se derrite
sobre el árbol solitario
atalaya de la loma.

Pájaros queman sus alas
entre las ramas
y se vuelven viento.

La noche hace verdes
las hojas del árbol de fuego.

LONELY TREE

Sunlight melts
onto the lonely tree,
watchman of the hill.

Birds flame their wings
among the branches
and become wind.

Night greens the leaves
of that burning tree.

COLOR DE NEBLINA

Los cabellos se vuelven color de viento
y la piel cada vez más parecida
a la corteza de los árboles . . .

La mirada es más débil
y la palabra más honda.

El paso del tiempo
tiene el color de neblina
y la tristeza de las hojas secas.

Sólo el corazón—guacal del amor—
no tiene edad:
desde que nace hasta que muere
es el mismo.

THE COLOR OF MIST

Hair turns the color
of wind, skin wrinkles into
the bark of trees . . .

The gaze weakens;
words, deepen.

The passage of time holds
the color of mist,
the sadness of dry leaves.

Only the heart—love's cradle—
does not age:
from birth until death, it remains
the same.

PIES VIEJOS

Los pies viejos,
cansados,
degastados por los caminos.

Bajo el peso de su carga de leña,
el viejecito aún se detiene
para oler una flor.

OLD FEET

His feet are old,
tired,
road-worn, bearing the weight

of a load of firewood,
and still the old man pauses
to smell a flower.

SI HOY FUERA MAÑANA

Si yo fuera ave migratoria,
levantaría el vuelo
y buscaría otros mares,
otros caminos,
otros cielos . . .

Ando lejos de mí
y nadie se da cuenta de mi ausencia.

Sé que no puedo irme a ninguna parte
sin llevarme a mí mismo conmigo.

Si hoy fuera mañana
mis ojos tendrían otra luz.

IF TODAY WERE TOMORROW

If I were a migratory bird,
I'd take flight
and look for other seas,
other paths,
other skies . . .

I'm far away from me,
yet no one's noticed the absence.

I can't take myself anywhere
without also coming along.

If today were tomorrow,
my eyes would hold a different light.

EL ÚNICO DÍA

El único día en la vida
donde no se oculta el sol
se llama

esperanza.

ONE DAY

The only day in life
where the sun doesn't set
is called

hope.

VENADO

El día se acabó.

Un venado de cola blanca
masticó su último manojito de zacate,
recogió su sombra
y se perdió entre los barrancos.

DEER

The day is done:

a white-tailed deer
chews its last handful of grass,
gathers up its shadow
and fades into the ravines.

LA ESTATUA

Con la mirada perdida
—quién sabe si en la distancia
o en la hondura de sus años—
el viejecito
parecía una estatua tallada
de la misma piedra
de donde estaba sentado.

THE STATUE

With his gaze
lost in the distance
or in the depths of his years,
the old man
looks like a statue
carved from the same stone
on which he sits.

EN LA OSCURIDAD

Aprendí a cantar en el dolor
como un pájaro en la oscuridad . . .

IN THE DARK

I learned to sing through pain
like a bird in the dark.

Acknowledgments

I would like to offer my genuine gratitude to the editors of the following literary journals who encouraged my translations of Humberto Ak'abal and opened their pages to many of the poems in the present volume: Esteban Rodríguez, Jennifer De Leon, and Ben Black of *AGNI*; Elizabeth Scanlon of *American Poetry Review*; Michael Dumanis of *Bennington Review*; Adam Vines of *Birmingham Poetry Review*; Stephanie Malak of *The Common*; Wayne Miller of *Copper Nickel*; Bunkong Tuon of *Cultural Daily*; Arthur Dixon of *Latin American Literature Today*; Donna Castañeda, Franz Franta, and Barbara Platts of *Lunch Ticket*; Khairani Barokka of *Modern Poetry in Translation*; Anika Potluri of *Nashville Review*; Adrian Matejka and Charif Shanahan of *POETRY*; Robin Myers of *Poetry Northwest*; Rajiv Mohabir of *Waxwing*; and Joe Scapellato and Andrew Ciotola of *West Branch*. I'm also grateful to Alana Marie Levinson-LaBrosse for selecting a folio of these poems to receive the Gabo Prize for Literature in Translation & Multilingual Texts, which offered great encouragement in the early stages of the work.

I would like to thank everyone at Milkweed Editions for believing in Ak'abal's work and for all their support, particularly Briana Gwin and Bailey Hutchinson for their keen eyes, generous reading, and avid attention to detail—and Daniel Slager for his inspired vision and stewardship of the Seedbank series.

I'm indebted, too, to my cohort at the Bread Loaf Translators' Conference—JP Allen, Anna Dinwoodie, Hillary Gulley, Kristen Herbert, Yaccaira Salvatierra, Jane Stringham, Klein Voorhees, and especially workshop leader, Mónica de la

Torre—who illuminated possibilities that had been obscured by solitary thinking and helped me return to the project with an open heart and a fresh set of eyes.

I would like to acknowledge the support of The Blake School, in particular the funding of a Hersey Summer Sabbatical for travel to Chiapas and Guatemala, where I was able to encounter the music and cadences of Tzotzil, Tzeltal, and K'iche' Maya firsthand.

Over the years, I have discussed and shared these translations with readers willing to lend an editorial ear, work through syntactical knots, or help me find the spirit in idiosyncratic or colloquial Spanish. I'm particularly grateful to Mónica de la Torre, Jon Dicus, and Robin Myers for their generous investment of time, astute edits, and open spirit in this arena. Leslie Bazzett was instrumental, as always, in offering her poetic ear in line edits and in honing and shaping the manuscript.

Lastly, I would like to thank Mayulí Nicole Bieri, Humberto's wife, for her endless encouragement and support, her willingness to field questions and share versions of the poems in K'iche', her belief in the project and me, and for sending so much *luz* my way.

HUMBERTO AK'ABAL (1952–2019) was a K'iche' Maya poet from Guatemala. His book *Guardián de la caída de agua* (*Guardian of the Waterfall*) was named book of the year by Association of Guatemalan Journalists and received their Golden Quetzal award in 1993. In 2004, he declined to receive the Guatemala National Prize in Literature because it is named for Miguel Ángel Asturias, whom Ak'abal accused of encouraging racism. Ak'abal, a recipient of a Guggenheim Fellowship, passed away on January 28, 2019.

MICHAEL BAZZETT is the author of *The Echo Chamber*, as well as five other collections of poems, including *The Interrogation* and *You Must Remember This*, winner of the Lindquist & Vennum Prize for Poetry. He is also the translator of *The Popol Vuh*, which was long-listed for the National Translation Award and named one of the best books of poetry in 2018 by the *New York Times*. Bazzett is a poet, teacher, and 2017 National Endowment for the Arts Literature fellow. His work has appeared in *Ploughshares*, *The Nation*, *GRANTA*, *Guernica*, *American Poetry Review*, *Copper Nickel*, *The Sun*, and the *Paris Review*. He lives in Minneapolis.

ABOUT SEEDBANK

Just as repositories around the world gather seeds in an effort to ensure biodiversity in the future, Seedbank gathers works of literature from around the world that foster reflection on the relationship of human beings with place and the natural world.

SEEDBANK FOUNDERS

The generous support of the following visionary investors makes this series possible:

Meg Anderson and David Washburn

Anonymous

The Hlavka Family

Founded as a nonprofit organization in 1980, Milkweed Editions is an independent publisher. Our mission is to identify, nurture, and publish transformative literature, and build an engaged community around it.

Milkweed Editions is based in Bdé Óta Othúŋwe (Minneapolis) within Mní Sota Makhóčhe, the traditional homeland of the Dakhóta people. Residing here since time immemorial, Dakhóta people still call Mní Sota Makhóčhe home, with four federally recognized Dakhóta nations and many more Dakhóta people residing in what is now the state of Minnesota. Due to continued legacies of colonization, genocide, and forced removal, generations of Dakhóta people remain disenfranchised from their traditional homeland. Presently, Mní Sota Makhóčhe has become a refuge and home for many Indigenous nations and peoples, including seven federally recognized Ojibwe nations. We humbly encourage our readers to reflect upon the historical legacies held in the lands they occupy.

milkweed.org

Milkweed Editions, an independent nonprofit literary publisher, gratefully acknowledges sustaining support from our board of directors, the McKnight Foundation, the National Endowment for the Arts, and many generous contributions from foundations, corporations, and thousands of individuals—our readers. This activity is made possible by the voters of Minnesota through a Minnesota State Arts Board Operating Support grant, thanks to a legislative appropriation from the arts and cultural heritage fund.

Interior Design by Mary Austin Speaker
Typeset in Adobe Caslon

Adobe Caslon Pro was created by Carol Twombly
for Adobe Systems in 1990. Her design was inspired by
the family of typefaces cut by the celebrated engraver
William Caslon I, whose family foundry served
England with clean, elegant type from the early
Enlightenment through the turn of the
twentieth century.